Much ado about
SHAKESPEARE

The life and times of William Shakespeare – a literary picture book

我是莎士比亞！
60金句＋漫畫讀懂他的一生傳奇

唐納凡・畢克斯萊
Donovan Bixley

文／圖

洪世民

翻譯

LONDON

St Paul's

F

THAMYS

D

Paris Gardens

G

C

E

Winchester Palace Park

Shoreditch

A

B

Spitalfield

Moorfields

100 200 300

The Tower

London Bridge

Southwarke

A. 劇場（The Theatre）
1576年啟用

B. 布幕（The Curtain）
1577年啟用

C. 玫瑰（The Rose）
1587年啟用

D. 天鵝（The Swan）
1596年啟用

E. 地球（The Globe）
1599年啟用

F. 布雷克弗萊爾劇場
（Blackfriar's Theatre）
1609年開始演出

G. 鬥熊場

威廉・莎士比亞

從不曾被歷史叫去面壁思過，也不曾鎖進發霉的櫥櫃，讓後代重新發掘。

他從來沒有哪段時間退過流行。他一生成就斐然，過世不久，他的作品即於全世界發表。隨著時間過去，他的名聲愈來愈響亮，愈來愈響亮。現在，他是史上最偉大的偉人之一。

這不是因為一代又一代的學童被迫吞下莎士比亞（或者該說吐出，看情形）。這是因為每一天全球各地的人們在擷取需要的感嘆語時，都會發現那已經在那裡了，早就在莎士比亞杜撰的詞句裡了。「莫名其妙」（without rhyme or reason）、「煙消雲散」（into thin air）、「張口結舌」（tongue-tied），或「一動不動」（not budge an inch）──如果這本書是部上千頁的鉅著，我可以繼續寫下去。可惜不是！

創作與重新創作是莎士比亞遺作的正字標記。從奧森・威爾斯（Orson Welles）與納粹連結的《凱撒大帝》，到《威尼斯商人》到黑澤明的《亂》（改編自《李爾王》）到迪士尼的《獅子王》（改編自《哈姆雷特》），以及其間數以萬計的舞台詮釋，這接連不斷的發現再發現、詮釋再詮釋和創作再創作，正是讓莎士比亞永垂不朽的動力。而每重新敘說一次，新的一代就會在他的字裡行間找到嶄新的意義。

翻閱這本書時，你也會發現莎士比亞世界的一種新的詮

釋。本書試圖藉由玩一玩文字和圖畫的遊戲來微微揭開布幕，照亮莎士比亞生平時代多采多姿、生氣勃勃的世界。莎士比亞或許額頭很高，但他絕非學問莫測高深的人士。絕非妄自尊大，將世界拒於門外的藝術家。莎士比亞涉世可深了。身為人類境況的鑑賞家，他知道如何表現從市井小民到英國女王的每一項特徵，以及人生的每一種情感——愛、恨、忠誠、背叛、憂慮、得意、美、驚恐、快樂、悲傷、頭腦清楚和神經錯亂。他對人生百態的深刻理解是那麼全面，那麼普世一致，必將繼續跨越時間和文化傳述下去。

所以，請享用，那些起起伏伏，那些虛情假意，那些事實與想像；威廉・莎士比亞的生平與時代——用他的話來說。

每個人的生命
都是一部歷史。

《亨利四世：第二部》

There is a history in all men's lives.
HENRY IV PART TWO

當我們呱呱墜地，
我們會大哭，
因為我們來到
這個盡是傻瓜的偉大舞台。

《李爾王》

When we are born, we cry that we are come to this great stage of fools.
KING LEAR

相傳威廉生於1564年4月23日。他是約翰及瑪莉・莎士比亞的第三個孩子，但比他年長的都早夭。威廉的父親約翰，是雅芳河畔斯特拉特福的二十三名手套製造商之一，年輕時雄心萬丈，志在公職，也是精明的投資人和生意人。由於母親出身阿登家族，威廉跟貴族有薄弱的血緣關係。但父親追求商業成就和自詡上流社會的企圖心，才是威廉長大後承襲的特色。

熄吧，熄吧，
短暫的燭火。

《馬克白》

Out, out, brief candle!
MACBETH

有一件事是確定的：在莎士比亞的時代，你得非常韌命才能活到一歲生日。在威廉出生那年，一場瘟疫襲擊雅芳河畔斯特拉特福，奪走鎮上六分之一的人命。

雖然斯特拉斯福居民的平均壽命達四十七歲（幾乎是倫敦街頭的兩倍），但兒童死亡率仍居高不下，百分之二十活不到滿月。就連生在有錢人家也不保證能活下來，威廉可憐的母親生了八個小孩，而得埋葬四個。

最初是嬰孩，
在奶媽懷裡啼哭吐奶。

《皆大歡喜》

At first the infant, mewling and puking in the nurse's arms.
AS YOU LIKE IT

威廉家境富裕，而當時找奶媽照顧嬰兒相當普遍。小孩「發牙齒」常見的疼痛會拿一塊光滑的珊瑚紓解。啼哭和吐奶會伴隨各種非比尋常的刺激物出現：就連新生兒也要佩戴伊莉莎白時代不可或缺的流行飾品──硬得要命的褶襉領。

為行仁慈，
我不得不殘酷。

《哈姆雷特》

I must be cruel, only to be kind.

HAMLET

伊莎白時代的英國，是兒童教養最嚴格的年代之一。年幼的威廉得黎明即起，趕快做完家事，再伺候爸媽用早餐。一如王國律法，教養是以絕對的權威實行。任何忤逆或騷亂都會迅速受到嚴厲的懲罰。

要生，要死，
這才是問題。

《哈姆雷特》

To be, or not to be: that is the question.
HAMLET

威廉的父親約翰在公家機關步步高升，最後在1568年威廉四歲時當上雅芳河畔斯特拉特福的鎮長。身為鎮上父母官的子弟，威廉有免費受教育的權利。上學很辛苦，一星期上六天，一天上十二小時。他在學校接觸拉丁文，也浸淫在希臘羅馬經典的情節、語彙和人物中。在校也要研習演講術、寫作和表演——對一位正嶄露頭角的演員和劇作家來說，是相當理想的教練場。

我的星星閃耀
陰暗地照著我。

《第十二夜》

My stars shine darkly over me.

TWELFTH NIGHT

1572 年11月，一件預示巨變將至的事情發生了。一顆超級新星出現在北方天際，是史上寥寥幾顆肉眼可見的超級新星之一，而它懸掛了十六個月才消失眼前。當時威廉八歲，就算他沒有親眼目睹，也一定感受到它在鎮上引起的極度不安。那顆超級新星由丹麥天文學家第谷‧布拉赫（Tycho Brahe）加以研究，而二十八年後，威廉在他的丹麥劇《哈姆雷特》開場時提到了它。兩者之間還有不少關聯，包括第谷的天文台也和《哈姆雷特》設定的場景艾森諾城堡（Elsinore Castle）相距不遠。

一顆星星出現在本來沒有星星的地方，當時的觀眾會視之為凶兆。這也為舞台上即將呈現的悲劇定下基調。但現代觀眾看到的也許是另一層意義──可能有顆耀眼的新「星」不知從哪兒冒出來了。

有生以來
侵犯鼻孔的
最濃惡臭。

《溫莎的風流婦人》

The rankest compound of villainous smell that ever offended nostril.
THE MERRY WIVES OF WINDSOR

讓我們面對現實，十六世紀的生活相當難聞。莎士比亞家裡更是如此。父親製作手套這行包含鞣革和處理各種獸皮的工作，而這樣的工作需要把獸皮浸在大尿桶，再用糞便重壓——通常是狗屎。家裡每個人都要幫忙家業，而所有每日例行事項，小威廉都相當熟悉，包括撿狗屎、去街角收集別人家的尿壺，以及攪拌大尿桶。

快消失，
該死的污跡！
消失，我說消失！

《馬克白》

Out, damned spot! Out, I say!
MACBETH

「**竊**賊」、「吃嘔吐物」、「毒牙」、「狗娘養的」、「惡犬」——莎士比亞劇中的狗，絕非我們今天所想「人類最好最忠實的朋友」。他用狗的模樣形容幾個他最討人厭的人物，包括：駝背的理查三世（Richard III）；李爾王背信忘義的女兒里根（Regan）和高納里爾（Goneril）；綠眼睛的種族主義者埃古（Iago）等。雖然莎士比亞有時會讚美勤奮的獵犬，但馬上又指摘牠卑躬屈節的舔舐和「甜膩的舌頭」，在在提醒我們狗會見風轉舵、討主人歡心。或許他每天在製革廠處理狗屎的生活，在他的作品扮演了某種角色？

噢，
快樂的匕首！

《羅密歐與茱麗葉》

O happy dagger!
ROMEO AND JULIET

男孩拿到匕首是稀鬆平常的事。這是一種實用的工具，常佩掛在右臀。當他們長成青年，也會佩帶長劍或腰刀——而這不是好看而已。在大城市的街頭，這些「武裝」的年輕人常引發激烈的鬥毆和暴動。那是個生命稍縱即逝而熱血沸騰的殘暴年代——這也是威廉會用他的戲劇探討的主題。

擊鼓開戰，
放出戰爭的惡犬吧。

《凱撒大帝》

Cry 'Havoc', and let slip the dogs of war.
JULIUS CAESAR

莎士比亞的第一位傳記作家尼可拉斯・羅維（Nicholas Rowe，在威廉去世一百年後「就」寫了）聲稱年輕的威廉交到壞朋友，連同其他未明確指出的惡行，他們一再去當地貴族，某位湯瑪士・路西爵士（Sir Thomas Lucy）的草原盜獵。路西爵士顯然大為惱火，向這群抓兔子的小太保宣戰，毫不寬貸地將他們送法辦。莎士比亞似乎頗為了解怎麼追捕獵鹿。他在劇作中提到哪些情況要用哪些種類的獵犬，而石弩聲音太吵，會把鹿群嚇跑。

這是紙上沾染過
最令人不快的言語！

《威尼斯商人》

Here are a few of the unpleasant'st words that ever blotted paper!
THE MERCHANT OF VENICE

根據莎士比亞首位傳記作家的說法，盜獵路西爵士的獵物一事，讓威廉受到嚴厲懲罰，所以他決定報復：在路西的大門釘上一首惡毒的歌謠。傳說那首歌謠措辭激烈又老練，惹得貴族加重迫害，可能使威廉遭到鞭笞、監禁，最後被逐出斯特拉特福。不論這件軼聞背後的真相為何，路西爵士是強硬派的新教徒，且協助伊莉莎白女王根除瓦立克郡的天主教徒是事實，威廉母系的阿登家族也遭到分外殘酷的迫害。

我會把小酌啤酒
列為重罪。

《亨利六世：第二部》

I will make it felony to drink small beer.
HENRY VI PART TWO

傳說莎士比亞不只是名聞遐邇的大詩人，也是出了名的好飲杯中物。有個故事是這樣的：這天我們有理想有抱負的青少年詩人來到比德福鎮，他喝得太多，最後在酸蘋果樹下醉倒。十八世紀時，這棵聖樹成了觀光勝地，人稱「莎士比亞的酸蘋果」。

人總是習以為常！

《維洛那二紳士》

How use doth breed a habit in a man!
TWO GENTLEMEN OF VERONA

誰知道威廉離開學校後做些什麼？關於他生平許多時期的資訊少之又少。後來有個演員同事的兒子聲稱威廉年輕時在鄉下當過老師。不過我們確實知道他在1582年夏天忙些什麼——他跟新交的女友安・海瑟薇（Anne Hathaway）常翻雲覆雨。在後人公認他的第一首詩中，威廉寫到一個「救我一命」的愛人。安比威廉大八歲，但她能從她年輕的羅密歐身上指望什麼樣的未來呢？他顯然無意子承父業，而身為兼具文采和學識的年輕人，他很可能一度當過法官助理。

倉促的婚姻甚少圓滿。

《亨利六世：第三部》

Hasty marriage seldom proveth well.
HENRY VI PART THREE

威廉和安在1582年11月底成親。毫無意外地，當時新娘已懷有三個月身孕。這是伊莉莎白時代的標準程序。這對夫妻將「宣讀婚誓」，這讓他們得以幹正經事——只要婚禮在孩子出生前舉行即可。

兩人搬進威廉位於亨利街的家中。有父母和他四個存活的手足同住，房子顯得擁擠，這對新婚燕爾毫無隱私可言。針對威廉為什麼那麼年輕就結婚，隨即選擇拋下妻子和家人、離開斯特拉特福度過大半生，後人有無盡的辯論和揣測。總而言之，這段倉促的婚姻不足以讓他久待斯特拉特福。

加倍，加倍，
勞身又傷神。

《馬克白》

Double, double, toil and trouble.
MACBETH

威廉和安的第一個孩子蘇珊娜（Susanna）在婚禮六個月後，1583年5月出生。兩年後，1585年2月，雙胞胎哈姆內（Hamnet）和茱蒂絲（Judith）來到人世。威廉後來把雙胞胎令人困惑混淆之處融入他的劇作《錯中錯》和《第十二夜》之中。

很多人猜測安是不是因為那次生產得了什麼併發症，因為自此這對夫妻就沒再生孩子了。

我們此身如夢。

《暴風雨》

We are such stuffas dreams are made on.
THE TEMPEST

威廉非常欣賞好幾支路過斯特拉特福的劇團。但那些可憐的團員常被當成流浪漢對待。為了避免被和「身強力壯、有能力謀生的乞丐」一起被攆出鎮，劇團會尋求高階貴族的資助和庇護。因此，在威廉這一生，我們會遇到「斯特蘭奇勛爵的人」（Lord Strange's Men）、「船隊長的人」（Admiral's Men）和「大臣的人」（Chamberlain's Men）等劇團。

在他二十郎當的某段時間，威廉決定追逐當演員和勇闖世界舞台的夢想。他很可能是加入一支路過的劇團而拿到進入倫敦的門票。碰巧，全國最知名的劇團「女王的人」（Queen's Men）在1587年路經斯特拉特福，而一名團員倒下不起。可是威廉的妻小怎麼辦？這個嘛，他從來沒讓他們生活拮据，所以應該可以假設他是做好妥善的計畫才離開，或至少已得到聘雇的承諾。

美即是醜惡，
醜惡即是美：
我們盤旋穿越雲霧濁氣。

《馬克白》

Fair is foul, and foul is fair: hover through the fog and filthy air.
MACBETH

倫敦臭氣沖天是眾所周知的，而威廉想必在離城二十哩就聞到了。當時人口超過十萬的倫敦正經歷迅速成長期，人口十五年增加一倍。一如任何初次來到這座大城市的人，威廉對美醜的鮮明對比印象深刻；勢力強大的朝臣炫耀財富；鋪張的盛典令大眾目不暇給；整座城市的建築更是氣勢磅礡。另一面則是無蓋污水道的髒臭、蓋在墓地的廉價公寓，也就是勞工階級居住而平均壽命僅二十五歲的地方。這種美醜交雜、相互襯托的情景令威廉神魂顛倒，也成為莎士比亞劇作的一大特徵。

一匹馬！一匹馬！
用我的王國換一匹馬！

《理查三世》

A horse! a horse! my kingdom for a horse!
RICHARD III

沒有人確切知道威廉是抱著何種期待來大霧都，或者他是怎麼進劇場工作的。一個莎士比亞傳說稱他是從基層幹起，先幫富有的主顧牽馬、再逐級升任催場員（call boy）、提詞人，最後才當上演員。這種說法看來不足以構成威廉離鄉背井的條件。不論真相為何，1580年代晚期，威廉抵達倫敦，沒多久便參與戲劇演出及撰稿。

至於這句出自威廉《理查三世》（1592年完成）的名言，它迅速成為劇場觀眾和劇作家之間的經典，作家紛紛在自己的劇本諧擬模仿。

用最新的手法
犯最古老的罪。

《亨利四世：第二部分》

Commit the oldest sins the newest kind of ways.
HENRY IV PART TWO

妓院、賭窟、動物打鬥場、小酒館、戲院——差不多就是清教徒當權者在意的東西。所以這些邪惡的事業群聚在倫敦北方、不歸倫敦管轄的蕭迪奇郊區。這是威廉在倫敦的第一個落腳處，他跟很多演員和劇作家同住——那時大家都喜歡住在劇場附近。

真是令鄉下男孩大開眼界啊！下崗的士兵裸著上身、醉醺醺地搜尋最時髦的酒館，酒館裡上空的女侍供應麥芽酒和大麻煙，而每個人都有一份阿雷蒂諾（Aretino）的《姿勢集》（*Postures*）——新印行的義大利色情書刊。想到他大半生都離家在這樣的地區度過，很難想像，像威廉這樣年輕性感的演員不會偶爾狂野一下，就算花柳病虎視眈眈。

拿起武器
面對重重困難。

《哈姆雷特》

Take arms against a sea of troubles.
HAMLET

1588 年夏天是英國史上的生死關頭。全民孤注一擲、破釜沉舟，抵禦強悍的西班牙無敵艦隊。這時也是威廉的「失落年代」，沒有相關紀錄可考。不過，當年每個七到六十歲的倫敦男性都應召入伍共赴國難。威廉的劇作家同僚班・強生（Ben Jonson）在法蘭德斯打仗，所以二十四歲的威廉很可能也是入伍從軍的數千士兵及水手之一——尤其男演員都受過劍術的專業訓練。

幸運之神站在英國那邊，落荒而逃的是西班牙人。和英國海軍展開數場平淡無奇的小規模戰鬥，他們就被法蘭西斯・德瑞克爵士（Sir Francis Drake）著名的火攻船打得潰不成軍。結果，一場激烈的暴風雨把無敵艦隊吹到北海，而有近半船艦在零零落落欲取道北大西洋回國時沉沒，或在蘇格蘭及愛爾蘭沿岸遇難。但當時仍有第二波西班牙軍隊從敦克爾克來襲的威脅。所以伊莉莎白女王，以極其高貴的姿態戲劇性地在泰晤士河口的蒂爾伯里露面：她不帶護衛，自己騎馬跟騎兵隊一起出現，提振英國守軍的士氣。

我們少數人，幸運的少數人，我們是一群弟兄。

《亨利五世》

We few, we happy few, we band of brothers.
HENRY V

1588年底，威廉實現了夢想。他找到一群弟兄，以受聘演員的身分加入「斯特蘭奇勛爵的人」從事演戲和編劇，後來許多劇團成員成了他一輩子的朋友、同事和對手。威廉最早的編劇是集體創作，把整支劇團不同來源的作品拼湊在一起。受過大學教育的劇作家批評他「不學無術」，但莎士比亞是第一手磨練他的寫作技巧：擔任舞台上的演員。在這方面，他在伊莉莎白時代的劇作家之中堪稱獨一無二。威廉本身也以扮演有王者風範和權威感的角色著稱，包括哈姆雷特父親的鬼魂。

William Slye

Augustine Phillips

John Kenninges

Richard Burbage

陷入困境。

《暴風雨》

In such a pickle.
THE TEMPEST

到了1589年，倫敦市長大人又得處理那些麻煩的演員了。這一次他們演出他明確表示禁演的劇──有荒謬宗教情節的劇。他把兩支最大的劇團叫來嚴正警告一番，「船隊長的人」聽令停演，但「斯特蘭奇勛爵的人」不當回事，我行我素。威廉是斯特蘭奇勛爵的演員，而該劇團馬上遭到圍捕，鋃鐺入獄。好個困境。有關當局一向熱衷於殺一儆百，而嚴刑拷打和處死一直是標準程序──就算是我們認為輕微的犯行。

可我有口難言，不可透露我的
牢獄之災，否則我有一故事可相告，
輕描淡寫幾句就會折磨你的靈魂、
凍結你青春之血、讓你雙眼
如星球奪眶而出、編結的髮綹開散，
像發怒豪豬身上的刺，一根根豎直起來。

《哈姆雷特》

But that I am forbid to tell the secrets of my prison-house,
I could a tale unfold whose lightest word would harrow up thy soul,
freeze thy young blood, make thy two eyes, like stars,
start from their spheres, thy knotted and combined locks to part,
and each particular hair to stand an end like quills upon the fretful porpentine.
HAMLET

1589 年，威廉所屬劇團「斯特蘭奇勛爵的人」的成員因演出禁演的戲而遭到監禁。那座監獄是你可能永遠出不去，或者可能出去但已體無完膚的地方。鞭笞不是什麼不尋常的事情。上「頸手枷」意味著你的耳朵會被釘在柱子上割斷。「肢刑」會讓你終身殘廢。而如果你被處「絞刑」，你會希望親友硬拉你的腳，讓你死快一點。你也可能會被丟進鉛鍋裡煮，或活生生遭五馬分屍——不過這會保留給真正的重罪。

　　所幸，威廉的劇團沒被凌遲或處死就出獄了。他們於是搬到倫敦轄區之外，在「布幕」劇場演出。但這不是威廉最後一次吃上官司。

這些就是在戲院裡叫囂如雷的年輕人。

《亨利八世》

These are the youths that thunder at a playhouse.
KING HENRY VIII

在上午的排練和下午的表演之間，年輕演員要接受下列訓練：歌唱、雜技和摔角。他們也研究記憶技巧，當你每季有三十部劇本要背，記憶技巧至關重大！除此之外，演員還要在擊劍學校接受刀劍打鬥訓練。觀眾希望看到逼真寫實的演出，就像他們平常看到的街頭決鬥和血淋淋的處決那樣。莎士比亞的戲劇包含形形色色可怕的道具，如假眼球、被割下的頭顱、裝血的小瓶子和裝羊腸的桶子。甚至，漏掉你的提示也可能要你的命！「被熊驅逐出場」──出自莎士比亞生涯晚期所寫的《冬天的故事》──或許是莎士比亞最出名的舞台指令。那很可能是用真的熊──從劇場附近頗受歡迎的鬥熊場抓一隻來。事情那麼多、場面那麼混亂，威廉還撥得出時間寫劇本，實在太厲害了。

這一擊便可能
大功告成一了百了。

《馬克白》

This blow might be the be-all and the end-all here.
MACBETH

或許毫不意外的是，倫敦的劇團充斥著一群反覆無常，愛無事生非、小題大作的年輕人。他們高談闊論、神氣活現又學過劍，所以同樣毫不意外的是，每當有民眾爭執，他們就急於展現他們的打鬥技巧，以致威廉有許多演戲的朋友在這樣的打鬥中喪命，或讓人喪命。個性比較戲劇化的，例如威廉的御用男主角理查・伯比奇（Richard Burbage）就常捲入各種原本沒什麼大不了的戲劇性事件，而其中許多以出人命的暴行收場。眾所皆知，斷斷續續與威廉競爭的班・強生，拇指被烙上「T」的印記，那代表泰伯恩行刑場（Tyburn），如果再被抓到，就會被送去那裡絞死……彷彿那阻止得了他似的！如果你能僥倖逃脫，那就諸事大吉。一如其他血氣方剛、睪酮素旺盛的青年，威廉和他的演員同事們也自認刀槍不入、斧錘不傷。

主啊，請提防嫉妒；
它是頭綠眼怪物，
會戲弄它要吃的肉。

《奧賽羅》

O, beware, my lord, of jealousy; it is the green-eyed monster
which doth mock the meat it feeds on.
OTHELLO

像威廉這麼雄心萬丈的年輕人，自然嚮往那些念過大學的有錢對手的成就和教育。反過來說，對手也嫉妒這個鄉下孩子和他的平步青雲。1592年，一本誹謗的小冊子在業界流傳，年長的劇作家羅伯特‧格林（Robert Greene）批評莎士比亞是隻抄襲的「狂妄的烏鴉」、雜而不精，還有（或許更糟的）幻想自己是作家的演員！當格林指稱這位年輕的當紅炸子雞「被我們的羽毛美化」時，他是在嘲弄莎士比亞「創造文字」的習慣——被「美化」的一部分。在那段出版被拉丁文壟斷的時期，威廉為英文書寫體增添了兩千多個新字（光是《哈姆雷特》就有六百字）。在格林的抨擊之後，出版商印了封信向威廉致歉，指出威廉‧莎士比亞已是一名值得尊敬的作家。確實，他擁有很多令人又羨又妒的條件。

你們兩家合該倒楣！

《羅密歐與茱麗葉》

A plague o' both your houses!
ROMEO AND JULIET

1593年，劇團之間的明爭暗鬥因一場瘟疫暫時中止。每年入夏，劇場大多會定期關閉，避免傳染病擴散，但1593那年，瘟疫攻擊得異常凶猛。它不僅威脅倫敦民眾的性命，也威脅到演員的生計。為了謀生，威廉現在效力的劇團「彭布羅克勳爵的人」（Lord Pembroke's Men）到鄉下巡迴十八個月——最後還是不得不聲請破產而解散。在威廉早期的劇作中，瘟疫常作為某種隱喻。但在他的真實人生，瘟疫又於1603和1608年兩度席捲倫敦。1603年的震撼奪走三萬八千條人命，包括威廉兩個演員同事。於是乎，在他後來的作品，瘟疫變成真實而邪惡的存在。

狂暴命運矢石交攻。

《哈姆雷特》

The slings and arrows of outrageous fortune.

HAMLET

劇場關門大吉必定帶給威廉迎頭重擊。原本迫不及待要證明自己堅毅不屈的他，最重要的生計來源卻被奪走。不過，莎翁失馬，焉知非福。1593年，為了賺錢，他寫了敘事長詩《維納斯與阿多尼斯》（*Venus and Adonis*），獻給南安普頓伯爵（Earl of Southampton）。它在聖保羅教堂（St Paul's）外的書報攤販售，也是莎士比亞的名字第一次以作者之姿出現。《維納斯與阿多尼斯》是一首撩撥肉慾的情詩，詩中，愛神邱比特的箭簡直無異於色情……就伊莉莎白時代來說是如此。它立刻大受歡迎（不是最後一次近乎淫猥的出版品證明大受歡迎），每個人都讀過。就連那些念過大學、自以為是的傢伙也崇拜起威廉，他的詩遂成為當代最成功的出版品之一。多劇烈的人生起伏啊。不出一年，威廉從「狂妄的烏鴉」搖身變成英國最著名的作家之一。他也很快將這些奢華的詩句，融入劇作的台詞中。

出來，可惡的肉凍！

《李爾王》

Out, vile jelly!
KING LEAR

威廉早期的劇本常以他念過大學的對手為範本，也就是神秘的克里斯多夫・馬洛（Christopher Marlowe，盛傳曾兼差當密探）。1593年時，威廉和馬洛都二十九歲，而直到當時，馬洛都是一等一的劇作家。但在那命定的一年，性格魯莽的馬洛竟在和另一個密探為帳單爭吵時慘遭殺害。他被他自己的匕首刺中眼窩。同一年，另一位資深劇作家托馬斯・基德（Thomas Kyd）因為煽動仇外的暴亂而入獄。他被施以酷刑，隔年斷氣，使威廉成為倫敦倖存最優秀的劇作家。但他仍活在馬洛的陰影底下。

馬洛過世數年後，威廉終於甩開這位同時代傳奇才子的影響，憑藉本身早期的傑作超越馬洛：《羅密歐與茱麗葉》、《理查三世》和《仲夏夜之夢》。

有些人天生英明，
有些人取得英名，
有些人則是被強加英名。

《第十二夜》

Some are born great, some achieve greatness,
and some have greatness thrust upon 'em.
TWELFTH NIGHT

新劇本的需求龐大，意味像《羅密歐和茱麗葉》之類的作品，需要他用源源不絕的創意巧思迅速生產：短短兩、三個星期就生一部！威廉在意的是能否營造出色的娛樂效果，而非靈感從哪裡來。這常使一些同時代的作家痛斥他剽竊。但威廉將戲劇推升至空前高峰——這種藝術形式甚至在十年前還不合法。1594年，威廉成了「宮務大臣的人」（Lord Chamberlain's Men）的「股東」或合夥人。現在，投資五十英鎊（當時可以在鄉下買一間豪華別墅），他可以直接分得劇團的營收。同一年，「宮務大臣的人」為女王演出。十八世紀有個無法無天的傳聞：有一次，威廉扮演國王，而伊莉莎白女王調皮地向他鞠躬。據說，威廉厚臉皮地待在角色裡，不理會女王，一拍不漏地繼續演他的戲。

玫瑰不叫玫瑰，
依然芳香如故。

《羅密歐與茱麗葉》

That which we call a rose by any other name would smell as sweet.
ROMEO AND JULIET

但舞台上的女性，卻有另一個名稱叫男人。清教教會當局視戲劇為引人背離宗教的邪惡誘惑。戲劇、演員，甚至劇場，都被視為傷風敗俗，因此在好幾個時期，女性被禁止入場看戲──更別說上台演出了。但威廉仍創造了數個最令人難忘和複雜的女性角色，全都由年輕男性飾演。直到1629年，威廉過世十三年後，才有第一位女性登上英國舞台。這第一位女演員被噓下台、攆出劇院；又過了三十年，女性演員才普遍為觀眾接受。

失去孩子的痛苦瀰漫整個房間，
躺在他的床上，跟著我到處行走，
裝扮他美麗的容顏，重複他的話語，
提醒我他種種的優美，
用他的形影充塞他無人穿的衣裝。

《約翰王》

Grief fills the room up of my absent child, lies in his bed, walks up and down with me,
puts on his pretty looks, repeats his words, remembers me of all his gracious parts,
stuffs out his vacant garments with his form.
KING JOHN

個人悲劇在1596年踏上威廉的門階：他十一歲的兒子哈姆內過世。死因不明，不過那年斯特拉特福有很多人死於斑疹傷寒。我們不清楚威廉跟故鄉的家人多常聯繫，或他跟兒子的關係有多密切，但在哈姆內過世不久，威廉更新了《約翰王》的版本，增加上面這段話。

就在同一年，威廉幫助父親打贏了一場二十年的鬥爭，被授予盾形紋章（coat of arms）。現在威廉可以自稱上流階級，但已經沒有兒子承襲這份榮耀或名聲了。

風雨同舟共相濟。

《暴風雨》

Misery acquaints a man with strange bed-fellows.
THE TEMPEST

威廉終其一生寫了一百五十四首十四行詩，而對於這些詩作的揣測，或許比其他文學作品都多。一如莎士比亞大半生平，關於他的十四行詩，幾乎沒有任何事情是肯定的。但這無法阻止數個世紀的學者自詡為窗口，能窺知威廉在1580年代中期及1590年代的個人世界。那麼，他在哈姆內死後有什麼感覺呢？這些十四行詩是否揭露了一名三十多歲男子典型的中年危機？這是他遠赴異鄉的原因嗎？威廉寫到和一位「黝黑女子」的婚外情，以及和一個白皙年輕男子的激情放縱（讓許多道貌岸然的史學家毛骨悚然）。這些詩在1609年結成完整的詩集出版，不過是否得到威廉授權不得而知。

從我拇指刺痛的感覺，
即知將有厄運來臨。

《馬克白》

By the pricking of my thumbs, something wicked this way comes.
MACBETH

1596年夏天，威廉也遇到事業上的難題。劇團的靠山，宮務大臣亨利‧凱瑞（Henry Carey）過世，讓莎士比亞的劇團處於極不確定的境況。英國的第一間劇院在二十年前才興建，而那個年代，劇場仍被視為邪惡的淵藪，倫敦市長大人把劇場和醉漢、賭徒、竊馬賊、皮條客和叛國者連在一塊兒（其中有些是事實）。現在，新任宮務大臣威廉‧布魯克（William Brooke）和市長大人及虔誠清教徒站在一邊。他們同心協力，一勞永逸地關閉邪惡的劇場，而威廉也在一場控告某間劇院的官司中列為被告。令所有戲劇愛好者鬆一口氣的是，這位新大臣旋即過世，由亨利‧凱瑞的兒子接任。在喬治‧凱瑞（George Carey）的庇護下，莎士比亞的劇團恢復「宮務大臣的人」的顯耀地位。

衣服過時的多，
穿破的少。

《無事生非》

Fashion wears out more apparel than the man.
MUCH ADO ABOUT NOTHING

威廉是這個星球最炙手可熱城市的時髦年輕名流。口袋留不住錢的他，能追隨當時所有最流行的玩意兒。當時的倫敦人不是養鸚鵡就是養猴子，因為那是全國頭號人物擁有的東西。不過，伊莉莎白女王對於時尚有她獨到的一番見解。1597年她企圖（又一次）禁止平民穿華麗的衣裳——特別是金色、銀色、紫色和天鵝絨。畢竟，如果大家看起來都那麼出色，要怎麼鶴立雞群、與眾不同呢？

我對荷包的消耗
無可奈何。

《亨利六世：第二部》

I can get no remedy against this consumption of the purse.
HENRY VI PART TWO

雖然在倫敦過著單身生活，威廉並沒有隨便揮霍他新建立的財富。事實證明他是史上最精明的投資人之一，在家鄉斯特拉特福買下多筆房地產，也在倫敦購置一筆。1597年他有足夠的財富買下斯特拉特福第二大的宅第：新居（New Place），堪稱他揚名立萬、衣錦還鄉的明證。這些表象對他來說十分重要，而他也審慎地為家人保住遺產，並為自己規劃舒適的退休生活。但和持續增加的所得手牽手而來的，是永遠存在、無時無刻不存在的荷包血蛭──稅。同一年，威廉因未繳該繳的稅而被告發──這後來成為常態。

戲劇的目的……
在忠實地反映人性，
過去如是，現在亦如是。

《哈姆雷特》

The purpose of playing . . . was and is,
to hold, as 'twere, the mirror up to nature.
HAMLET

威廉現在是獨占鰲頭的作家，會專門為他劇團裡的演員塑造合適的角色。他不再只娛樂群眾，也開始反映人性的本質。十年轉瞬而過，喜劇逐漸沒落，新創造的悲劇角色則大受歡迎。演員用刻板的動作表達每一種情緒，而當時流行的風格是在舞台昂首闊步和苦惱發愁，展現你的「腿筋」（hamstring），這帶給我們「矯情」（ham）一詞。這是伊莉莎白時代的人所稱「在舞台上撕裂一隻貓（tearing a cat upon the stage）」的極盡誇張演出。理查・伯比奇是威廉劇團（及全國）的首席男主角，後來他以新的自然派演技著稱……就伊莉莎白時代而言啦。威廉也寫了比較細膩而複雜的角色予以回應，如奧賽羅、李爾王和哈姆雷特。哈姆雷特自己就在舞台上哀嘆「雙手揮舞太過」和「把深情扯得爛碎」的演員。

什麼鬼啊？

《溫莎的風流婦人》

What the dickens.
THE MERRY WIVES OF WINDSOR

1598 年冬天，威廉的劇團「宮務大臣的人」，和「劇場」（The Theatre）的地主上演數起不受歡迎的戲劇性事件。看起來地主擁有那塊地，但沒有建築的所有權──那是劇團男主角理查‧伯比奇和他的兄弟持有。很自然地，只有一件事要幹！耶誕節後幾天，伯比奇和同事們做出前所未有的舉動：把「劇場」拆了。這是個嚴寒刺骨的冬天，他們往南越過泰晤士河，在那兒一塊已租好的地重建。地主當然大吃一驚──這麼說毫不誇張。依典型伊莉莎白時代的風格，拆除和運輸是在雙方頻頻以暴制暴和拿法律威脅下進行。上面這句感嘆語「什麼鬼啊？」的原文（What the dickens）跟作家狄更斯（Charles Dickens）無關，而是「What the Devil」一語的私生子。

我們寒冬般的不滿
已成朗朗夏日。

《理查三世》

Now is the winter of our discontent, made glorious summer . . .
RICHARD III

　　　　直在留意新投資機會的威廉，決定成為這個新事業的財務合夥人。所以，
當這間壯麗的劇院在隔年夏天啟用，他便可以分享劇團和劇場的收益。

夜已深，
教堂墓地張開大口，
地獄向這世界噴著毒氛。

《哈姆雷特》

Tis now the very witching time of night, when churchyards yawn
and hell itself breathes out contagion to this world.
HAMLET

威廉一定住過某些對健康不利的地區。1599年初，為了住到新劇場附近，他搬到泰晤士河南岸的南華克。小偷、騙子、算命仙、娼妓、跛子、移民和殺人犯——這些在莎士比亞戲劇屢見不鮮的人物，全都住在這一帶。

　　南華克是個擁擠不堪、會害人生病的地獄。舊墓地上頭蓋了新的廉價公寓，唇齒般緊鄰三百多家妓院和小酒館，其中許多是劇場經營者持有。從路的彼端，常傳來數百隻狗的狂吠聲，牠們在鬥獸場裡被解開皮帶，圍攻從外地進口的熊。

一顆最幸運的星星，
如果我不去爭取
而忽略它的影響，
我的命運將自此一蹶不振。

《暴風雨》

A most auspicious star, whose influence, if now I court not,

but omit, my fortunes will ever after droop.

THE TEMPEST

「劇場」只花了五個月便重建完成——它即將舉行的開幕儀式成了許多人占星問卜的事由。在一個相信女巫和仙女的社會，占星是一門嚴肅的專業。讀手相、搖水晶、看動物內臟的暗示，或轉陀螺，當時都是由頂尖科學家實行，而莎士比亞的每一部戲也都有凶兆和吉兆。最後，眾人選定一天啟用新劇場。1599年6月12日，這個仲夏夜的至點，太陽和行星排成一直線，劇場也選在此時開幕。劇場的首演，是一部亦充滿徵象和預兆的戲——《凱撒大帝》。而這座富麗堂皇的建物取了相得益彰的名稱 ——「地球」（The Globe）。

閃閃發亮的未必是黃金。

《威尼斯商人》

All that glisters is not gold.
THE MERCHANT OF VENICE

「地球」劇場很快成為首屈一指的表演場。劇場本身即以浮華的戲劇風格裝潢，有仿大理石廊柱和金光閃閃的飾品——模擬多數觀眾不得進入方圓一哩之內的宮殿。另一方面，戲服可不是重複使用前幾次演出穿過的發霉衣裝。演員穿的是真正的全副盔甲和華服，通常是宮廷或貴族家庭捐贈的二手衣，有些本身就值好幾個錢。「地球」劇場太過成功，使鄰近「玫瑰」劇場（同一條路相距一百碼）的演員收入銳減，只好收拾行李，暫時轉往別家劇場另謀出路。

再衝一次，親愛的朋友。

《亨利五世》

Once more unto the breach, dear friends.
HENRY V

威廉和男孩們接受觀眾喝采，從他們最好的劇中退場。現年三十多歲的威廉憑藉《亨利五世》、《皆大歡喜》和《哈姆雷特》等多元化的作品，證明他能充分掌握歷史、喜劇和悲劇。有了這些符合大眾喜好的節目和富麗堂皇的劇場，當時沒有其他娛樂能與之競爭。「地球」劇場可容納三千多人，他們湧自各行各業：從「發惡臭的」（stinkard）和勞工階級，到商人和朝臣，甚至少數貴族。當然，威廉和他的事業夥伴，也亟欲和向熙攘人群兜售麥芽啤酒、菸草和點心的小販一起大發利市。

言以簡為貴。

《哈姆雷特》

Brevity is the soul of wit.
HAMLET

據同時代劇作家班·強生的說法，威廉為文絕不簡練。現在兩人神話般的競爭更趨白熱化——強生是受過古典訓練的詩人，忠於結構與學識，莎士比亞則是才華渾然天成的鄉巴佬。強生指威廉學識淺薄，未能察覺他透過實作得到的豐富技能。連同這兩人在內，當時有一群不斷來回諧擬、諷刺、剽竊和詆毀彼此作品的劇作家，後人稱為「詩人之戰」（Poets' War）。

或許請外科醫生來，還可以
把他恢復，露出驢子的原形。

《仲夏夜之夢》

With the help of a surgeon he might yet recover, and prove an ass.
A MIDSUMMER NIGHT'S DREAM

彼此競爭的劇團是一群魯莽之徒，極易口不擇言，然後不由分說揮劍相向。在十六、十七世紀之交，武鬥上了舞台變成文鬥。一次，劇作家班·強生拿莎士比亞剛取得的家族盾形紋章開玩笑——那上頭是一隻隼和「並非沒有權利」的傳家格言。在強生的《個性使然》（*Every Man out of His Humour*）中，一個角色花三十英鎊買了一個盾形紋章——上頭是一個豬頭和「並非沒有芥末」。那想必是一場良性競爭，因為威廉也出任強生兩部戲的男主角。但兩人鬥到威廉死後仍未休止，強生再次挖苦這位同行說，雖然演員一個字也不會改，他（強生）倒希望莎士比亞刪掉一千行。

毒藥在金杯裡看來最毒；
黑夜在雷電交加時
顯得最暗；腐爛的百合
遠比野草難聞。

《愛德華三世》

Poison shows worst in a golden cup; dark night seems darker by the lightning flash; lilies that fester smell far worse than weeds.
KING EDWARD III

1601 年，威廉和他的同事差一點就丟了腦袋。信天主教的艾塞克斯伯爵（Earl of Essex）付一大筆錢請他們演出威廉早期的劇作之一：《理查二世》。據傳，這個叛國、弒君的故事是發起一場群眾暴動、圖謀推翻政府的信號。但，唯一拿起武器的人是政府當局，他們已經獲悉這場不足成事的叛亂。接受訊問時，威廉的劇團澄清他們只是應要求演出的無辜演員而已。出乎意料地，他們只被打了一下手腕就獲釋了。

艾塞克斯一直深得女王寵愛，所以他的背叛勢必重重打擊了伊莉莎白。不同於那些演員，艾塞克斯被判處這種叛國罪常見的刑責，而每個人在過倫敦橋前往「地球」劇場途中，都會看到那駭人的提醒。

世界是我的牡蠣，
我將用劍把它撬開。

《溫莎的風流婦人》

The world's mine oyster. Which I with sword will open.
THE MERRY WIVES OF WINDSOR

當伊莉莎白一世在1603年駕崩時，莎士比亞被批評沒有創作任何作品來緬懷女王。但伊莉莎白僅僅是「喜歡」戲劇，新任的詹姆士一世（King James）可熱愛了。威廉的劇團現在成了「國王的人」，常應邀演出。做為王室隨員時，他們被賜予四碼半鮮紅色的布來裁製新衣。但那可不全是享用美酒佳餚的場合。偶爾國王的男人也會被要求壯大朝廷的人數，甚至侍候外國顯要。

現在威廉已儼然成為全國的偶像。諸如《哈姆雷特》等劇已譯為多種語言在歐洲各地演出——從不懂鑑賞的農人到自詡為行家的大學畢業生，人人愛看。威廉已將戲劇提升至文學的殿堂了。

然而眼睛的技藝
仍是匱乏；
只畫目之所及，
不知心之所藏。

《十四行詩集第24首》

Yet eyes this cunning want to grace their art; they draw but what they see, know not the heart.
SONNET 24

在威廉・莎士比亞的有生之年，沒有一幅畫像證明畫的是他本人。不過我們確實擁有兩樣類似的東西，一是他坐落斯特拉特福墳上的半身像，二是頗負盛名、替他首部出版品《第一對開本》（*First Folio*）的扉頁增色不少的德羅修特（Droeshout）版畫。據集結作品出版的威廉老友表示，德羅修特的畫像相當神似。但這幅畫是在1623年，威廉去世後完成的，怎麼可能神似呢？版畫家馬汀・德羅修特可能是臨摹了一幅威廉在世時所繪的肖像，而肖像已經失傳。以當時的畫風來說，威廉看來頗為陰沉，我們很難想像在那張宛如鐵石的撲克臉後面，竟疾馳著敏捷的思路和熊熊烈火般的才華。

「咄！我好怕這些火藥。」

《亨利四世：第一部》

'Zounds, I am afraid of this gunpowder.
HENRY IV PART ONE

鮮血，腸子，連你牙齒裡的血塊和血管都一股腦兒迸出。1606年惡名昭彰的火藥密謀者（Gunpowder Plotter），以最令人作嘔的殘酷手法被處決。儘管我們現在覺得驚駭，但倫敦群眾早對這種公開場面習以為常，男女老少，幾乎沒有一個人不出來躬逢其盛。

　　詹姆士一世原本對宗教抱持寬容，但現在他嚴厲抨擊天主教徒。這群謀反者慘遭圍捕之事，勢必驚動到威廉留在斯特拉特福的家人，因為主要的策劃者全都來自威廉出身的瓦立克郡。

來幾個人，把這群叛徒
押上斷頭台，謀反罪
真正的歸宿，氣絕之處。

《亨利四世：第二部》

Some guard these traitors to the block of death, treason's true bed and yielder up of breath.
HENRY IV PART TWO

《馬克白》是在這起事件後寫的，而事實證明威廉是堅定的擁王派——他知道他的麵包哪一邊有抹奶油。《馬克白》告訴我們想當王的叛國禽獸會有什麼樣的下場。威廉也在劇中提及火藥密謀者的審判。他也迎合詹姆士一世的蘇格蘭傳統，以及對女巫和神秘儀式的著迷。

我們的風流罪過
變成嚴懲我們的工具。

《李爾王》

Our pleasant vices make instruments to scourge us.
KING LEAR

威廉的風流帳之一是在往返倫敦和斯特拉特福途中，於牛津的一間酒館逗留。威廉成了酒館主人第二個兒子威廉‧達文南特（William Davenant）的教父，而這兩位威廉先生的外貌出奇相像——或許像得令人不安。坊間盛傳莎士比亞正是親生父親，而小威廉很快在自己也成為詩人及劇作家後渲染這個事實。事實上，莎士比亞的戲劇能在十七世紀繼續公演並獲得賞識，小威廉貢獻良多。

這雖瘋狂，
卻有條理可循。

《哈姆雷特》

Though this be madness, yet there is method in't.
HAMLET

威廉很幸運，一生安然度過多次瘟疫爆發，但仍有其他許多威脅要擔心。諸如斑疹傷寒、瘧疾、天花和梅毒的疾病已經夠糟──而治療可能比病因還慘。汞、砷、刺蝟睪丸粉、更受歡迎的水蛭和各種糞便等療法，在我們現代的觀點看來比較接近瘋狂而非方法。請注意，這可是貨真價實的醫生，而非江湖郎中開出的藥方。1607年威廉的長女蘇珊娜風光嫁給斯特拉特福的醫生約翰・郝爾（John Hall）。從那時開始，威廉的戲劇就常詳盡呈現當前的醫學趨勢。

世界是個舞台，
所有男男女女
都只是演員。

《皆大歡喜》

All the world's a stage, and all the men and women merely players.
AS YOU LIKE IT

從1609年起，理查‧伯比奇、威廉和其他股東開始在他們經營的「布雷克弗萊爾劇場」（Blackfriar's Theatre）演出，那是專門為戲劇建造的室內劇場，坐落於聖保羅天主教堂同一條路上。這個時髦的新場地成了所有現代劇院的樣板，有人造的燈光和嶄新的戲劇效果。它的氣氛比地球舒適、親切得多，只要付一筆額外費用，觀眾（男女皆可）甚至可以跟演員一起坐在台上。在台上看得比較清楚——也被看得比較清楚。

這座新劇場是威廉的金雞母——他可以拿到獲利的六分之一。現在他們整個冬天都可以為有錢人演出，夏季幾個月則回到「地球」劇場。就在往返兩地之間，威廉和「國王的人」支配了倫敦的人潮。

請留意，
以免玩火自焚。

《亨利六世：第二部分》

Take heed, lest by your heat you burn yourselves.
HENRY VI PART TWO

1613年，「地球」劇場仍是最炙手可熱的地方。憑藉著精心製作的戲服和精巧的新道具，他們讓競爭對手有苦難言。但在6月29日，其中一項道具——舞台的大砲——意外走火，使茅草屋頂燒起來。事情是在演出威廉最後幾部劇本之一，與人合著的《亨利八世》時發生。「地球」劇場不到兩小時就付之一炬。一位戲迷指出無人受傷，但有個男士臀部著火，很聰明地拿一瓶麥芽啤酒撲滅。股份占十四分之一的威廉得出六十英鎊的重建費用。不到一年，「地球」劇場重起爐灶，但這一次沒有威廉了。他認為那起事件是賣出劇團及「地球」劇場的股份，意即退出戲劇界的機會。

人生不過是一個行走的影子，一個在舞台上比手畫腳，而後沒沒無聞的蹩腳演員。

《馬克白》

Life's but a walking shadow, a poor player that struts and frets his hour
upon the stage and then is heard no more.
MACBETH

有些史學家聲稱，為了倫敦的戲劇事業，威廉幾乎拋家棄子。若是如此，他為什麼要回斯特拉特福呢？他在倫敦的布雷克弗萊爾還有房子，那是他在1613年買的，但在「地球」劇場失火後，威廉似乎完全放棄撰寫劇本，就此銷聲匿跡。斯特拉特福的鄉間把他拉回家去。他是要就近看管多筆房地產投資，還是要囤積穀物哄抬價格？他無疑被人控告後者。但他也坐擁他豪華的鄉間別墅：「新居」——有花園，有果園，當然還有他的家人。

轉了一圈，
回到原點。

《李爾王》

The wheel has come full circle.
KING LEAR

到1614年，威廉錯過自己孩子們的童年已久。現年五十歲的他，已經當阿公了。五十已算高齡，活得比當時人的平均壽命來得久。他的十四行詩已於1609年出版，而他的餘生，很可能都在修訂劇本付梓中度過。撒手人寰後，友人約翰・何明斯（John Heminges）和亨利・康斗（Henry Condell）編纂了相當完整的作品集，名為《第一對開本》。兩人長期努力的成果在威廉過世七年後，於法蘭克福書展（Frankfurt Book Fair）問世。

誹謗的舌
致人於死。

《無事生非》

Done to death by slanderous tongues.
MUCH ADO ABOUT NOTHING

莎士比亞人生的最後幾個月是在醜事中度過。當威廉得知他的女婿，不久前才娶他小女兒茱蒂絲為妻的湯瑪斯・昆尼（Thomas Quiney）跟一位鄉下姑娘有染時，一定震驚非常。而讓事情雪上加霜的是，那可憐的女孩後來難產而死，孩子也沒保住。1616年3月25日威廉重立遺囑，取消昆尼所有的繼承權。昆尼也暫時被逐出教會，並勒令當著會眾的面苦修贖罪。他沒被罰錢，但那必定給威廉帶來困窘和壓力，畢竟他一輩子都在確立自己的鎮紳地位。不到一個月，威廉就過世了。死因不明，但誹謗仍跟隨他好幾百年——包括他是染上梅毒而死，或是和戲劇界老友酗酒暴斃。事實是，我們無法得知確切的真相。蘇珊娜的女兒伊莉莎白是當時唯一存活的孫子女，也是威廉最後一個倖存的後代。真遺憾，沒有人請她回憶她的外祖父。

死去，就像睡著。

睡著，可能會做夢：

欸，麻煩就在這裡！

因為，當我們擺脫塵世煩惱，

在死亡的睡眠裡，

真不知會夢到什麼。

《哈姆雷特》

To die, to sleep. To sleep perchance to dream: ay, there's the rub!
For in that sleep of death what dreams may come when we have shuffled off this mortal coil.
HAMLET

威廉有生之年成就斐然，但他做夢也想不到，自己會在死後獲得這般傳奇性的地位。1616年威廉在4月23日這個黃道吉日擺脫塵世煩惱，替自己的傳奇再添一筆。這天不只神奇地跟他來到人世那天同月同日，還是聖喬治節（St George's Day）。對這位未來英國的「千禧年最偉大人物」來說，有什麼比在英格蘭國慶當天出生和逝世更相稱的呢？威廉去世時剛好五十二歲，超過當時人平均預期壽命，但以今天的標準當然不算長壽。不尋常的是，他被埋在地下十七呎深，因此一些學者認為他是患傳染病而死。他的墓位於雅芳河畔斯特拉特福的聖三一教堂（Holy Trinity Church），後人常稱之「莎士比亞的教堂」。

GOOD FRIEND FOR
TO DIGG THE
BLEST BE THE MAN
AND CVRST BE

JESVS SAKE FORBEAR,
DVST ENCLOSED HERE.
THAT SPARES THESE STONES
HE THAT MOVES MY BONES.

看在耶穌的份上，好友，
請別挖掘封存於此地的塵土。
願饒過碑石者得到祝福，
動我屍骨者災禍連綿。

——莎士比亞的墓誌銘

大事紀

1564
威廉·莎士比亞出生，是約翰和瑪莉第一個存活下來的孩子，他於4月26日受洗。

1568 4歲
莎士比亞的父親當上斯特拉特福的鎮長。

1576 12歲
「劇場」，英國第一間專用劇院建於倫敦城北的蕭爾迪奇。日後莎士比亞將在那裡演出。威廉的父親約翰因從事非法羊毛交易和非法借貸遭到起訴。此事，加上一些不良債務，使莎士比亞一家幾乎徹底破產。

1593 29歲
《維納斯與阿多尼斯》出版，威廉·莎士比亞之名首次以作者之姿出現，這部詩集將成為他有生之年最成功的出版品。克里斯多夫·馬洛在酒館衝突中被刺死。瘟疫再次迫使劇院關閉。

1596 32歲
8月，威廉和安11歲的兒子哈姆內去世。莎士比亞家族被授予盾形紋章。

1594 30歲
劇院重新開張，莎士比亞成為「宮務大臣的人」的一員，劇團常進宮廷演出。

1597 33歲
威廉買下「新居」，斯特拉特福最豪華的別墅之一作為家人的新居。

1598 34歲
《愛的徒勞》是現存紀錄中第一部以莎士比亞之名發表的戲劇。莎士比亞的劇團未獲得「劇場」所在的土地租約。他們拆掉「劇場」，遷往泰晤士河南岸的南華克。

1603 39歲
伊莉莎白一世駕崩，詹姆士一世繼位。威廉的劇團成為「國王的人」，常在宮廷演出。

1601 37歲
莎士比亞的劇團演出叛國劇《理查二世》，捲入艾塞克斯伯爵叛變事件。艾塞克斯遭到斬首。威廉的父親過世。

1599 35歲
6月，重建的劇院以「地球」之名開幕。威廉現在是這家劇院和劇團的合夥人，可分享收益。

1605 41歲
蓋伊·福克斯（Guy Fawkes）和同謀者策劃火藥陰謀試圖炸毀國會大廈。

1577 13歲

「布幕」，英國第二家劇院，建於和「劇場」同一條路上。法蘭西斯・德瑞克爵士離開普利茅斯港，展開環遊世界的航程。

1582 18歲

莎士比亞和安・海瑟薇在11月完婚。

1583 19歲

5月，威廉和安的第一個孩子蘇珊娜出世。

1585 21歲

2月，安生下雙胞胎哈姆內和茱蒂絲。英格蘭與西班牙交戰。

1587 22-23歲

巡迴劇團「女王的人」在斯特拉特福演出。莎士比亞約莫在這時移居倫敦，開始在劇場工作。「玫瑰」劇場在南華克啟用，位址在今天的「地球」劇場附近。

1592 28歲

莎士比亞在年長作家羅伯特・格林出的小冊子裡被抨擊為「狂妄的烏鴉」。瘟疫席捲倫敦，使各家劇院關閉兩年。莎士比亞和劇團同事開始巡迴演出。

1590 26歲

莎士比亞的第一批劇本開始演出。

1588 24歲

西班牙無敵艦隊在英國外海鎩羽而歸。

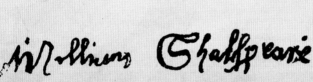

1609 45歲

莎士比亞的十四行詩出版。「國王的人」開始在他們室內的布雷克弗萊爾劇場演出。

1613 49歲

「地球」劇場付之一炬，威廉退出戲劇事業。

1616 52歲

威廉和安的小女兒茱蒂絲嫁給一個名聲不好的男人，莎士比亞將他自遺囑剔除。一般認為莎士比亞在4月23日過世，與出生同月同日。他在4月25日葬於斯特拉特福的聖三一教堂。

1607 43歲

威廉的長女蘇珊娜嫁給斯特拉特福的醫生約翰・郝爾。

1623

莎士比亞的遺孀安過世，享壽67。威廉戲劇界的老友收集他的劇本，同年，莎士比亞作品集《第一對開本》在法蘭克福書展上市。

莎士比亞的作品

因為沒有確切的首演日期紀錄，我們無從得知莎士比亞戲劇問世的正確順序。不過，學者已根據以下各項事物估出一張年代表：劇中提到的歷史事件、劇場經理和戲迷所做的演出紀錄，以及劇本首度印刷出來的時間。下表是一種可能的順序：

1590-2	亨利六世：第一部	1600	皆大歡喜
	亨利六世：第二部		第十二夜
	亨利六世：第三部	1600–1	哈姆雷特
1592–3	理查三世		特洛伊羅斯與克瑞西達
	泰特斯·安特洛尼克斯	1602–3	終成眷屬
	維納斯與阿多尼斯（詩）		奧賽羅
1593–4	錯中錯	1604	一報還一報
	馴悍記	1605–6	雅典的泰門
	魯克麗絲受辱記（詩）		馬克白
1594–5	維洛那二紳士		李爾王
	愛的徒勞	1607	埃及豔后（安東尼與克麗
1595–6	羅密歐與茱麗葉		奧佩托拉）
	理查二世	1608	科利奧蘭納斯
	仲夏夜之夢	1609	沉珠記（泰爾親王佩力克
1596–7	約翰王		里斯）
	威尼斯商人	1610	還璧記（辛白林）
1597–8	亨利四世：第一部	1611	冬天的故事
	亨利四世：第二部	1612	暴風雨
1598–9	無事生非	1613	亨利八世*
	亨利五世	1613	兩貴親*
	溫莎的風流婦人		
1599	凱撒大帝		*與約翰·弗萊契（John Fletcher）合著

本書所引用的句子皆脫離原有脈絡、斷章取義，欲知它們在莎士比亞劇本中的原貌，可上www.donovanbixley.com/shakespeare，有完整的列表。

若我們精靈有所得罪，
只要這麼想，一切好解決，
你不過在此闔眼而眠，
正好幻影紛紛出現。

《仲夏夜之夢》

If we shadows have offended, think but this, and all is mended,
That you have but slumbered here while these visions did appear.
A MIDSUMMER NIGHT'S DREAM

後記

坦白說，關於威廉・莎士比亞確切無疑的事實不多。但過去四百年來，無數學術偵查工作和若干極度狂熱人士極盡癡迷地資料蒐找，已陸續在各地發掘威廉・莎士比亞的痕跡、線索和幽魂。我試著藉由這本書捕捉莎士比亞生平和時代的幽魂，而圖畫是通往那個世界的途徑。

我想描繪莎士比亞這位偉人的另一面，通常不會呈現在我們眼前的那一面。不是神聖的天才，而是大哥哥、酗酒、目無法紀的青少年、年輕的情人、丈夫、父親、酒館鬧事者、逃稅者，甚至性情乖戾的老人。簡單地說，雖然我們對莎士比亞了解不多，但可以肯定的是，他是一個真實的「人」。跟我們每個人一樣，他不是只有一個面向的人，他也在不同的時間、對不同的對象扮演不同的角色、展現不同的性格。

在風格上，我希望能模仿他的劇本在「地球」劇場演出的那種矯揉造作來呈現莎士比亞的生平和時代——大半只有光禿禿、無裝飾的舞台，和只憑戲服和表情詮釋的角色。在這本書，圖畫也是給愛動腦的人的謎語，有許多圈內人才能領會的笑話待破解。藉由這些仿傳統莎士比亞風格的全新創作，我希望以全新的角度來呈現莎士比亞和他的世界。我的意思是，像諾曼・洛克威爾（Norman Rockwell）這樣偉大的人道主義畫家，會怎麼表現伊莉莎白時代的英國呢？也不妨想像一下，如果畫是莫內（Monet）或竇加（Degas）所繪，我們對那段時期的看法會有什麼不同。當然，以這種種時代錯誤和現代的情感來詮釋莎士比亞的世界，我玩得很開心啦。

希望我沒有冒犯到任何人。希望你也讀得很開心。希望你有所收穫。希望我栩栩如生地描繪了威廉・莎士比亞，他在這世上並不孤單，是一個「人味」十足的偉人，而那真實的人性，在他的劇作中歷歷可見。

圖解
我是莎士比亞！：60金句＋漫畫讀懂他的一生傳奇

2016年2月初版　　　　　　　　　　　　　　　　　　定價：新臺幣320元
有著作權・翻印必究
Printed in Taiwan.

文 / 圖	Donovan Bixley
翻　　譯	洪　世　民
總 編 輯	胡　金　倫
總 經 理	羅　國　俊
發 行 人	林　載　爵

出　版　者	聯經出版事業股份有限公司
地　　　址	台北市基隆路一段180號4樓
編輯部地址	台北市基隆路一段180號4樓
叢書主編電話	(02)87876242轉229
台北聯經書房	台北市新生南路三段94號
電　　　話	(02)23620308
台中分公司	台中市北區崇德路一段198號
暨門市電話	(04)22312023
台中電子信箱	e-mail：linking2@ms42.hinet.net
郵政劃撥帳戶	第0100559-3號
郵撥電話	(02)23620308
印　刷　者	國　外　印　製
總　經　銷	聯合發行股份有限公司
發　行　所	新北市新店區寶橋路235巷6弄6號2樓
電　　　話	(02)29178022

| 叢書主編 | 李　佳　姍 |
| 校　　對 | 陳　佩　伶 |

行政院新聞局出版事業登記證局版臺業字第0130號

本書如有缺頁，破損，倒裝請寄回台北聯經書房更換。　ISBN　978-957-08-4673-7 (平裝)
聯經網址：www.linkingbooks.com.tw
電子信箱：linking@udngroup.com